Les œufs de l'oie

Les œufs de l'oie

E.J. Taylor
traduit par Jeanne Bouniort

Hachette

A ma famille
Ervine, Lola et Boukie

Première publication en 1984 par Walker Books Ltd.

Cajou bâilla et se frotta les yeux. Elle entendit les crépitements du feu de bois dans le poêle, en bas. Mademoiselle Biscuit était réveillée depuis longtemps, et les bonnes odeurs du petit déjeuner se répandaient dans la maison. Voyant que Violette dormait encore, Cajou s'habilla sans faire de bruit et descendit dans la cuisine.

« Bonjour, Cajou. Tu as bien dormi ?

— Oh, oui, merci !

— Alors, tu vas déjeuner bien vite et après nous irons chercher une chèvre. Tu veux de la confiture d'abricots ou de fraises ? »

Cajou écarquilla les yeux.

« Heu... je préfère la fraise. Tu veux dire qu'une chèvre s'est cachée dans la cuisine ? »

Mademoiselle Biscuit éclata de rire.

« Mais non, voyons ! Il faut que je t'explique. J'ai décidé d'acheter une chèvre. »

Elle prit le journal et lut à haute voix :

« Samedi, vente de bétail vivant à la ferme Dupré. Nous avons de la chance, Cajou ! C'est aujourd'hui samedi. Finis ton déjeuner pendant que je vais réveiller Violette. »

Juste à ce moment-là, de grands cris résonnèrent dans la maison. C'était Violette. Elle semblait terrifiée. Mademoiselle Biscuit et Cajou montèrent à toute vitesse dans la chambre. Debout sur son lit, Violette hurlait de terreur.

« Qu'est-ce qui se passe, Violette ?

— Il y a une souris dans mon lit !

— Ah ! ce doit être Mina », dit Cajou.

Elle tira les couvertures et prit dans ses mains une petite souris grise qui semblait encore plus effrayée que Violette.

« Je vous présente Mina. Je l'ai trouvée dans le jardin et comme elle a mal à la gorge, je la garde au chaud jusqu'à ce qu'elle soit guérie. »

Cajou mit la petite souris dans sa poche.

« Je te demande pardon, Violette. Je ne voulais pas te faire peur.

— Encore heureux ! Tu sais, Cajou, tu ne devrais pas garder cette souris dans la maison. Elle va faire des saletés.

— Allons, allons, dit Mademoiselle Biscuit. Je suis sûre que Mina est une petite souris bien propre. Dépêche-toi de t'habiller, Violette ! Nous allons acheter une chèvre. »

Quand Mademoiselle Biscuit, Violette et Cajou arrivèrent à la ferme Dupré, les gens étaient déjà nombreux dans la cour. Il y avait toutes sortes d'animaux : des lapins, des poules, des cochons, des vaches et plusieurs chèvres. Mais Cajou trouva qu'elles manquaient de personnalité.

Mademoiselle Biscuit était prête à renoncer, quand elle aperçut Blanchette. Cajou s'écria :

« C'est la plus jolie chèvre du monde ! »

Mademoiselle Biscuit était du même avis. Même Violette reconnut qu'elle n'était pas une chèvre comme les autres.

Mademoiselle Biscuit alla trouver le fermier. Elle discuta un bon moment avec lui, mais dut accepter de payer beaucoup plus que prévu. Pourtant, elle se dit qu'elle pouvait bien se permettre une petite folie de temps en temps, quand elle avait vraiment envie de quelque chose.

Blanchette était attachée à une clôture. Quand Mademoiselle Biscuit voulut l'emmener, la chèvre refusa de bouger. Cajou essaya de l'amadouer, mais c'était peine perdue. Blanchette était têtue.

« Je me doutais qu'elle refuserait de partir, dit la fermière. C'est à cause de Peggy. Vous comprenez, Peggy est sa meilleure amie. Pauvre bête, elle ne veut pas se séparer de sa Peggy.

— Que faire ? demanda Mademoiselle Biscuit. Nous n'avons pas besoin de deux chèvres, tout de même !

— Attendez ! Je vais vous montrer Peggy, dit la fermière. Justement, la voici !

— Mais c'est une oie ! s'exclama Violette.

— En effet, répondit la fermière. Ah, il y a encore autre chose...

— Quoi donc ? demanda Violette.

— Omer. Voyez-vous, Omer et Peggy forment un couple. Je tiens beaucoup à ce qu'ils restent ensemble.

— Je comprends, dit Mademoiselle Biscuit. Eh bien, voyons cet Omer. »

Peggy était ravissante, mais Omer était tout bonnement irrésistible. Aussi, Mademoiselle Biscuit et la fermière conclurent le marché, puis elles se serrèrent la main.

Sur le chemin du retour, le long de la

rivière, Cajou conduisait Blanchette au bout d'une corde, tandis que Mademoiselle Biscuit guidait Peggy et Omer avec son bâton. Violette les suivait d'assez loin, car elle avait un peu peur des oies.

Quand elles eurent dépassé Mont-Fougère, Mademoiselle Biscuit proposa de faire une halte à l'ombre d'un saule pleureur. Il faisait très chaud, et la fraîcheur de l'ombre était bien reposante. Blanchette se mit à

brouter l'herbe. Peggy et Omer allèrent se baigner dans la rivière. Mademoiselle Biscuit ôta sa veste et s'assit au pied de l'arbre. Violette se penchait pour essuyer sa chaussure, quand elle vit un énorme crapaud dans l'herbe, tout près de Cajou. Elle murmura :

« Cajou, ne bouge pas ! Retiens ta respiration ! Il y a un... »

Le crapaud fit un petit bond en avant. Violette courut se cacher derrière un arbre. Cajou s'agenouilla et prit le crapaud dans ses mains.

« Cajou ! cria Violette. Ne touche pas cet horrible crapaud !

— Le pauvre ! Il est blessé à la patte et il n'arrive même plus à sauter. Je l'emmène à la maison. »

Mademoiselle Biscuit donna son accord, malgré les protestations de Violette.

Une fois rentrée à la maison, Cajou posa un pansement sur la patte du crapaud. Elle le baptisa Paulo et le fit coucher dans un chapeau, sous son lit.

Blanchette ne tarda pas à devenir l'amie de Cajou. Chaque matin, elle donnait du lait frais pour le petit déjeuner. L'après-midi, tout le monde travaillait dans le jardin. Mademoiselle Biscuit arrachait les mauvaises herbes, Cajou arrosait et Violette passait des heures à frotter les

feuilles avec un chiffon doux et de l'eau tiède pour les faire briller.

Les jours de grande chaleur, toutes trois allaient pique-niquer au bord de la rivière, près de Mont-Fougère. Cajou avait de nouveaux protégés. On aurait dit qu'elle découvrait des animaux malades ou blessés partout où elle allait ! Mademoiselle Biscuit faisait des confitures et Violette lisait la comtesse de Ségur.

Et les jours d'été s'écoulèrent paisiblement, jusqu'à un certain soir de la fin juillet.

Alors que Mademoiselle Biscuit et Violette préparaient le dîner, Cajou ouvrit brusquement la porte de la cuisine.

« Venez vite ! dit-elle d'une voix émue.

— Qu'est-ce qu'il y a ? demanda Mademoiselle Biscuit.

— C'est une surprise, répondit Cajou. Je ne peux rien dire. »

Elle partit en courant. Mademoiselle Biscuit et Violette la suivirent, en courant elles aussi, jusqu'au bord de la rivière.

« Bonté divine ! s'écria Mademoiselle Biscuit. Peggy s'est fait un nid !

— Et ce n'est pas tout, ajouta Cajou. Elle a pondu cinq œufs. Je vais la porter dans la chambre pour... »

Violette lui coupa la parole.

« JAMAIS DE LA VIE !

— Mais, Violette, il y a des animaux sauvages qui rôdent la nuit par ici. C'est dangereux.

— Et il y a des animaux sauvages plein notre chambre, répliqua Violette. Des bébés écureuils dans la commode, une tortue et un crapaud sous le lit, un rouge-gorge dans la corbeille à ouvrage... Hier, j'ai trouvé une taupe endormie dans une de mes chaussures ! Si cette oie vient chez nous, je m'en vais ! »

Violette frappa du pied, tourna les talons et rentra à la maison. Cajou soupira. Mademoiselle Biscuit lui prit la main et dit :

« Tous les problèmes ont une solution. Tu trouveras bien quelque chose. En attendant, allons dîner ! »

Ce soir-là, après dîner, Cajou se dirigea vers le grand chêne et s'assit sur la balançoire. Une légère brise soufflait. Cajou se balançait, perdue dans ses pensées.

« Qu'est-ce que je vais bien pouvoir faire ? »

Elle se cramponna aux cordes de la balançoire et se pencha tellement vers l'arrière qu'elle vit le sommet de l'arbre.

« Une cabane dans l'arbre ! Je vais construire une cabane pour les animaux. Quelle bonne idée ! »

Elle courut annoncer la nouvelle à Violette et Mademoiselle Biscuit.

Bien après l'heure du coucher, une petite pluie fine commença à tomber. Bientôt, le vent se mit à souffler plus fort et la pluie à tambouriner contre les vitres, si bien que le bruit réveilla Cajou. Elle se redressa.

« Peggy est dehors sous la pluie ! » s'écria-t-elle.

Et elle sauta du lit. Mademoiselle Biscuit était déjà dans l'entrée, ramassant couvertures et serviettes dans l'armoire.

« Prends ce panier et suis-moi », dit-elle à Cajou.

Sans perdre un instant, elles sortirent de la maison et coururent vers la rivière.

Peggy grelottait de froid, mais elle n'avait pas quitté son nid. Mademoiselle Biscuit l'enveloppa dans une couverture. Cajou ramassa délicatement les œufs et les posa dans son panier. Puis elles rentrèrent en courant à la maison.

Violette les attendait sur le pas de la porte avec une pile de serviettes. Elles séchèrent Peggy en un rien de temps et Cajou mit les œufs dans un cageot, près du poêle. Peggy s'installa aussitôt sur son nouveau nid. Elle avait encore froid, mais elle se sentait en sécurité.

Mademoiselle Biscuit remit des bûches dans le poêle et toutes trois allèrent se recoucher.

Le lendemain, il ne pleuvait plus, mais le ciel était gris et menaçant. Cajou et Violette se réveillèrent de bonne heure. Elles se dépêchèrent de descendre dans la cuisine.

Peggy grelottait toujours, et pourtant elle était emmitouflée dans une couverture chaude. Mademoiselle Biscuit lui toucha le front.

« Hum... elle a dû prendre froid.

— Est-ce qu'elle va guérir ? demanda Cajou.

— Sûrement, répondit Mademoiselle Biscuit. Mais je m'inquiète pour ses œufs. Je ferais mieux d'aller chercher une bouillotte. »

Violette et Cajou passèrent la journée auprès de Peggy et changèrent l'eau de la bouillotte toutes les heures. Le soir venu, Peggy tremblait encore. Elle manqua même tomber de son nid à plusieurs reprises.

Mademoiselle Biscuit lui caressa la tête. Cajou lui mit une autre couverture sur le dos et Violette éclata en sanglots.

« C'est ma faute ! » dit-elle tristement, avant de se réfugier dans sa chambre.

A plat ventre sur son lit, Violette pleurait à chaudes larmes. Son oreiller était trempé. Quand Mademoiselle Biscuit frappa à la porte, elle bégaya :

« EN... EN... TRE ! »

Mademoiselle Biscuit et Cajou s'approchèrent du lit.

« Il ne faut pas pleurer, dit gentiment Cajou.

— C'est ma faute si Peggy est malade, gémit Violette.

— Mais non, voyons, assura Mademoiselle Biscuit. Tu ne pouvais pas deviner qu'il y aurait un orage. En tout cas, tu ne pourras pas guérir Peggy avec tes larmes !

— C'est vrai, dit Violette avec un dernier sanglot. Puisque Peggy est malade, je dois essayer de la soigner.

— A la bonne heure ! répondit Mademoiselle Biscuit. Ne restons pas ici ! Il est temps de changer l'eau de la bouillotte. »

Cajou embrassa Violette sur la joue avant de rejoindre Mademoiselle Biscuit dans la cuisine.

Violette se leva et prit un gros livre à couverture de cuir sur une étagère. Elle commença à lire :

Comment soigner par les plantes.

Potentille

Également appelée argentille ou herbe aux oies. Faire infuser les feuilles. Améliore l'état de santé général des oies.

Violette commençait à se sentir un peu découragée quand elle arriva à la page 176. Et là, elle lut : *Potentille*. Elle regarda longuement le dessin.

« J'en ai vu près de Mont-Fougère », se dit-elle.

Violette courut à la fenêtre. Il faisait noir et la pluie s'était remise à tomber. Elle enfila un imperméable, prit un parapluie, descendit l'escalier sur la pointe des pieds, ouvrit doucement la porte et sortit.

La route était longue jusqu'à Mont-Fougère. Longue et effrayante dans une telle obscurité.

« Courage ! dit tout haut Violette. Je ne dois pas penser aux bêtes sauvages qui rôdent la nuit. »

Elle s'éloigna sous une pluie torrentielle. Le vent mugissait. Ses pieds faisaient « floc, floc » dans ses chaussures inondées.

« Je n'ai pas peur, je n'ai pas peur », se répétait-elle.

Violette arriva enfin à Mont-Fougère et retrouva l'endroit où elle avait vu des potentilles en venant pique-niquer. Elle en cueillit une pleine brassée.

Quand Violette rentra à la maison, Mademoiselle Biscuit et Cajou étaient toujours dans la cuisine.

« Où étais-tu passée ? » demanda Mademoiselle Biscuit.

Violette raconta ce qu'elle avait fait et Mademoiselle Biscuit l'aida à enlever ses vêtements mouillés. Cajou lui apporta un peignoir sec et des chaussons.

Ensuite, Violette prépara une infusion de potentille et Mademoiselle Biscuit la fit boire à Peggy avec une grosse cuillère à soupe. Quelques instants après, Peggy s'endormit. Elle ne tremblait plus du tout.

Au bout de quelques jours, Peggy fut tout à fait rétablie. Cajou commença à construire une cabane pour les animaux dans le grand chêne. Violette l'aida de son mieux. Quand elles eurent terminé, Mademoiselle Biscuit peignit une enseigne.

Violette et Cajou transportèrent les animaux dans la cabane et accrochèrent l'enseigne au-dessus de la porte.

Les feuilles commençaient à jaunir et les nuits devenaient de plus en plus fraîches. C'était bientôt la fin de l'été. Chaque jour, Mademoiselle Biscuit, Violette et Cajou ramassaient des légumes dans le jardin.

Après avoir cueilli les haricots et arraché les carottes, elles commençaient à déterrer les pommes de terre quand elles virent arriver Peggy, Omer et leurs cinq oisons nouveau-nés. Peggy et Omer étaient très fiers de leur nouvelle famille.

CLINIQUE CAJOU
POUR ANIMAUX

Pour chacun, l'été s'acheva dans le bonheur, grâce à un peu d'ingéniosité, à beaucoup de travail et aux cinq œufs pondus par une oie adorable.

Composition réalisée par C.M.L., Montrouge
ISBN 2.253.04221.8
Dépôt légal : Avril 1990 - 7791
Imprimé en Italie
par G. Canale & C. S.p.A. - Turin

32/0670/3